LA

FAMILLE

CHRÉTIENNE

DISCOURS DE Mgr MEIGNAN, ÉVÊQUE DE CHALONS,

POUR LA BÉNÉDICTION DU MARIAGE

DE Mlle FÉLICITÉ MEIGNAN AVEC M. GUY OLLIVIER.

(Nyoiseau, 26 Janvier 1875.)

CHALONS-SUR-MARNE

IMPRIMERIE T. MARTIN, PLACE DU MARCHÉ-AU-BLÉ, 50.

—

1875.

LA FAMILLE CHRÉTIENNE

LA

FAMILLE

CHRÉTIENNE

DISCOURS DE Mgr MEIGNAN, ÉVÊQUE DE CHALONS,

POUR LA BÉNÉDICTION DU MARIAGE

DE Mlle FÉLICITÉ MEIGNAN AVEC M. GUY OLLIVIER.

(Nyoiseau, 26 Janvier 1875.)

CHALONS-SUR-MARNE

IMPRIMERIE T. MARTIN, PLACE DU MARCHÉ-AU-BLÉ, 50.

—

1875.

DISCOURS

DE MGR L'ÉVÊQUE DE CHALONS

POUR LA BÉNÉDICTION DU MARIAGE

DE MLLE FÉLICITÉ MEIGNAN AVEC M. GUY OLLIVIER

(26 JANVIER 1875).

MONSIEUR ET MADEMOISELLE,

> *Sic state in Domino, charissimi.*
> (EP. AD PHILIP. IV, 1.)
>
> « Demeurez fermes dans la doctrine
> du Seigneur, ainsi que je vais
> vous l'exposer, mes très-chers. »

En interrompant le cours de mes saintes et austères fonctions pour venir de loin prendre part à cette fête de famille, je ne répondrais point à votre attente si je ne saisissais l'occasion du mariage d'une nièce que j'affectionne, pour donner ici de paternels conseils. Il me serait permis, pour vous disposer à les mieux écouter, d'ajouter à l'autorité de l'Evêque celle d'un long ministère, mais je parle à ma famille; et l'amour que je lui voue, celui qu'elle me rend, m'ouvrent une voie facile à la persuasion, le chemin du cœur.

———

Nos pères nous ont enseigné que les bases du bonheur des familles sont la religion, le travail, la discipline, l'union parfaite des parents entre eux. Voilà ce que je veux rappeler et montrer aujourd'hui.

I

C'est la religion qui fixe le plus sûrement les devoirs et les droits dans toute société; c'est elle surtout qui doit régir la famille.

Bien mieux que les législateurs de l'Egypte, de la Grèce et de Rome, elle détermine les vrais rapports des époux entre eux, des enfants avec leurs parents, des frères et des sœurs. Avec infiniment plus de justice, de douceur et de miséricorde que toutes les législations antérieures, l'Evangile, au nom du Dieu qui l'apporta au monde, s'impose à nous comme la charte immuable à laquelle doivent conformer leur vie les membres divers de cette *unité sociale* dans lesquels se ramifie la famille.

Malheur à elle si elle cherche sa loi dans un autre code que celui de Jésus-Christ! Les lois humaines, quand elles en sont l'écho et comme les articles organiques, ont droit à notre respect et à notre obéissance; mais en dehors de ces conditions, elles nous sont légitimement suspectes.

Comme tant d'autres, en ce siècle de défection et de défaillance, ne nous laissons point prendre à l'amorce trompeuse des doctrines nouvelles vantées par de prétendus moralistes. Non-seulement ces doctrines, considérées en elles-mêmes, n'offrent, dans leur vacillant échafaudage, aucune garantie, mais encore l'expérience les condamne plus manifestement tous les jours.

Les romanciers, les auteurs dramatiques, les écrivains de toute sorte qui rêvent une constitution nouvelle de la famille, ne réussissent à rien, si ce n'est à épaissir les nuages qui obscurcissent le bon sens public en ce moment et à troubler plus d'un foyer domestique. A la base de leurs théories, disons mieux de leurs déclamations ambitieuses, nous trouvons ces doctrines de fausse égalité qui ont conduit la patrie au bord des abîmes. Ils parlent tantôt de l'émancipation de la femme, tantôt des revendications des enfants. Les droits sacrés de la paternité, l'autorité divine du chef de famille sont méconnus, et, suivant eux, le père ne doit plus être désormais que l'ami complaisant et comme le camarade de son fils.

Le mariage est appelé, si on voulait les

croire, à devenir une union que l'on pourrait contracter et rompre à volonté, et ses liens, mal défendus contre l'inconstance d'un cœur volage, seraient noués ou dénoués selon les brusques changements de l'humeur et du caprice.

Nous n'avons pas à discuter ces folles doctrines, grâce à Dieu. Mais puisqu'elles trouvent dans les mœurs contemporaines de la complicité et comme un commencement de réalisation, demandons quel bonheur domestique, quelle félicité conjugale ces novateurs ont créés. Ces hommes de lettres, ces journalistes réformateurs sont-ils parvenus, en suivant leurs théories, à s'entourer d'une famille heureuse et honorée? N'est-on pas souvent amené à se demander même s'ils ont une famille? Quelquefois on ne leur en connaît point, ou s'ils en ont une, ils ont intérêt à la dérober aux yeux des honnêtes gens.

En acceptant la religion comme loi de la famille, il faut que l'on renonce à prendre des libertés peu séantes, disons mieux, sacriléges avec l'Evangile : il veut être l'objet d'une foi absolue, à laquelle on est obligé de conformer rigoureusement tous ses actes.

Je touche ici une plaie de l'époque. Le malheur de notre temps est moins dans l'absence de toute religion que dans le vague du sentiment auquel cette religion se réduit : on se croit permis de vivre dans l'ignorance de ses dogmes, et l'oubli de ses commandements. Ce n'est point là être chrétien. Pour être digne de ce nom, il faut que la famille professe complètement et fidèlement la doctrine de l'Eglise et obéisse à l'Evangile comme à sa première loi, sans respect humain, sans hésitation, sans crainte. La famille doit s'associer, dans la mesure de son pouvoir, à toute œuvre propre à maintenir l'honneur du culte catholique, à défendre son enseignement et sa sainte hiérarchie; elle se réjouira de tout ce qui est avantageux à l'Eglise, et elle s'affligera en présence de tout ce qui peut lui nuire. La profession de la foi religieuse sera si franche et si nette que personne ne pourra s'y méprendre. Telle était la foi pratique de nos pères, telle doit rester la nôtre.

Soyons justes envers ce temps-ci : les hommes de foi solide sont rares, mais ils s'affirment tous les jours davantage ; la profession de leur foi prend un caractère de netteté remarquable. Ils sont hommes de cœur et d'honneur.

II

La seconde base de la famille est le travail. Puisqu'elle a accepté la religion, elle doit accepter le travail ; Dieu en a fait une loi capitale à tous les hommes : *in laboribus comedes cunctis diebus vitæ tuæ*. C'est à la condition du travail de tous les jours que Dieu nous a donné et nous conserve la vie.

Il faut signaler comme une erreur très-dangereuse celle qui consiste à s'imaginer qu'on peut en sûreté de conscience s'affranchir de cette loi parce qu'on trouve dans son patrimoine de suffisantes ressources.

La fortune acquise ne se conserve que par le travail, par la vigilance, les soins, l'administration de son propre bien : n'est-ce pas une obligation pour un père de famille de transmettre, dans son intégrité, à ses enfants, tout au moins l'héritage qu'il a reçu lui-même?

L'oisiveté est mère de tous les vices : elle engendre l'ennui, l'ennui aigrit l'humeur, fomente les querelles et jette dans la dissipation.

Enfin Dieu a fait du travail, soit pour le riche, soit pour le pauvre, la condition de l'éternelle récompense.

L'obligation du travail est ordinairement admise en principe ; mais il est une imprévoyance qui en compromet l'application. Les parents ne savent pas toujours prendre à temps les mesures efficaces pour assurer une carrière à leurs enfants ; ils se contentent trop souvent d'envoyer leur fils au collége sans se préoccuper suffisamment de l'état de vie que le jeune homme embrassera quand il en sortira. L'enfant, pendant ses premières études, manque de direction ; il ne sait de quel côté doivent porter ses principaux efforts. S'il travaille peu au collége, c'est souvent parce qu'on ne lui a pas montré d'avance le but qu'il lui faut atteindre. Il eût trouvé là un puissant aiguillon. Il finit ses études sans avoir jamais su où elles devaient le conduire, et souvent c'est le hasard qui décide de la carrière où il s'engage. Mais, souvent aussi, le hasard a mal décidé ; alors le jeune homme recule et cependant le temps s'est écoulé. Il est souvent trop tard pour choisir un nouvel état. Il faut recourir à des expédients, et se tromper soi-même, en se créant un semblant d'occupation. L'oisiveté envahit peu à peu la vie, et le rejeton d'une race laborieuse et forte jusque-là devient inutile à la société et importun à lui-même.

C'est un tort de laisser entièrement à l'enfant le soin d'étudier lui-même sa vocation. Des parents clairvoyants et pleins de sollicitude étudieront avec lui ce problème difficile et obscur ; ils seront des guides attentifs, consultant sans cesse les aptitudes, les goûts de leurs enfants, cherchant des conseils et mettant à profit toutes les circonstances.

Qu'un amour-propre excessif chez les parents ne vise point trop haut ; peut-être les forces de l'enfant ne lui permettraient-elles point de s'élever jusqu'où l'ambition du père a prétendu le faire monter ; et peut-être aussi les ressources limitées de la famille mettraient-elles les parents dans l'impossibilité de faire pour tous leurs enfants les mêmes sacrifices. Il faut, quand il s'agit du choix d'un état, préférer le parti le plus sûr au parti le plus brillant, et surtout que le père choisisse pour son fils la profession qui lui facilitera davantage la pratique de la vertu, et offrira la meilleure garantie pour réaliser le salut éternel, dernier terme où tout doit tendre et donner la vraie mesure de son importance. Il ne s'agit pas, quand on veut le bonheur de ses enfants, de chercher comment ils peuvent s'enrichir le plus vite et le plus aisément ; tenons - nous en garde contre les exemples funestes des spéculations aventureuses, qui sont devenues, de nos jours, le plus triste et le plus périlleux des métiers.

Dans ces opérations, où l'*alea* tient une si large place, les plus avisés se ruinent, et ceux qui s'y enrichissent ne conservent pas toujours bien longtemps le fruit de leur habileté ou du hasard.

III

Dans une famille où règnent à la fois, la religion et le travail, la discipline devient facile. Par discipline, j'entends l'harmonie des époux, l'autorité pleine de condescendance et d'affection dans le mari ; l'obéissance, l'activité, le respect, la tendresse dans l'épouse, l'ordre dans la maison, la soumission des enfants aux prescriptions des auteurs de leurs jours, le règlement exact des occupations, des études, des jeux même, l'ascendant, par l'autorité du bon exemple, des aînés sur les plus jeunes.

Je me place ici dans l'hypothèse d'une famille nombreuse ; c'est une bénédiction que Dieu accorde d'ordinaire aux familles chrétiennes. Le nombre des enfants multiplie sans doute les charges ; mais, en multipliant les devoirs, il ajoute au mérite. Il rend l'éducation meilleure. Là où il n'existe qu'un fils unique, la tendresse des père et mère tourne à la faiblesse, et l'enfant devient trop souvent une idole. L'amour paternel et maternel, appelé par la Providence à se répandre sur plusieurs, ne se concentre point sans dangers sur un seul ; il devient maladif et fébrile ; son inquiétude est excessive. L'appréhension de fatiguer l'enfant empêche de le soumettre à un travail nécessaire ; la pusillanimité ne permet ni de le reprendre ni de le corriger : on tolère des résistances qu'il faudrait briser, on redoute des larmes qu'il faudrait laisser couler, on fléchit devant les petites colères qu'il faudrait punir. L'enfant se sentira maître; et, bientôt, l'idole de la famille en deviendra le tyran.

La mollesse dans l'éducation devient aujourd'hui, osons le dire, un péril social.

L'enfant n'a point obéi aux parents dans la maison paternelle : eh bien ! le collégien désobéira dans la pension ; l'apprenti se révoltera contre son patron, et le soldat contre son chef. En un mot, l'autorité, quels que soient sa forme et son nom, deviendra odieuse.

IV

L'union de tous les membres de la famille est une dernière condition de son bonheur. Il ne suffirait pas que celle-ci vécût dans une parfaite discipline, si l'affection ne réunissait les cœurs. L'histoire de l'Ancien Testament montre que les familles les mieux réglées ne sont point préservées des troubles profonds qu'entraînent avec elles les divisions des parents : le drame terrible de la mort d'Abel, immolé par son frère, à la porte pour ainsi dire du Paradis terrestre, l'animosité d'Esaü contre Jacob, la vente de Joseph par ses frères, sont des exemples redoutables des excès et des crimes qu'engendrent les divisions entre les enfants d'un même père. La haine entre personnes chez qui le même sang circule dans les veines est le plus odieux des sentiments ; elle est aussi l'inspiratrice des plus grands crimes.

Les discordes de famille, je m'empresse d'en convenir, n'ont pas ordinairement ce caractère d'iniquité, surtout quand cette famille est chrétienne, mais elles n'en produisent pas moins un mal profond qui empoisonne toutes les joies et introduit au foyer domestique un trouble funeste. Se réduiraient-elles, au commencement, à de

simples antipathies, elles n'en seraient pas
moins un levain dangereux et le principe de
grands maux dans l'avenir.

Les haines sanglantes ont souvent com-
mencé par de légers froissements et des dissen-
timents sans importance. La goutte de fiel qu'il
eût fallu supprimer tout d'abord, s'alimente à
la source des malentendus, des faux rapports,
des paroles aigres, des petites querelles ; elle
grossit comme le dépôt d'une humeur mal-
saine, et bientôt elle envahit le cœur tout entier.
Si l'on n'y veille, mille choses donneront
occasion à la formation de cette goutte de
fiel et à son développement : les qualités, les
avantages, les priviléges chez les uns; les
défauts, les infirmités, les faiblesses chez
les autres. Les supériorités exciteront les
jalousies; les infériorités causeront les
dédains et les répulsions. Quoi de plus
naturel de la part d'un père que de faire la
plus large part de caresses au plus jeune,
au plus beau, au plus sage de ses enfants?
Et cependant, les vertus de Joseph et les

faveurs de son père causèrent la jalousie de ses frères et les poussèrent au crime. Abel offrait au Seigneur ses dons innocents : Dieu bénissait, multipliait son troupeau ; il faisait prospérer toutes ses entreprises. Il n'en fallut pas davantage : Caïn commença par en éprouver de l'émulation ; il eût pu voir dans la conduite de son frère un exemple à suivre ; mais parce qu'il la considéra comme un reproche, comme un blâme indirect de sa propre conduite, il devint d'abord amer à l'égard d'Abel, puis haineux, puis fratricide. S'il eût supprimé la première aigreur de son cœur, contraint sa volonté à nourrir de l'admiration pour Abel, au lieu d'entretenir contre lui de la jalousie, le crime eût été évité. Le premier conseil qu'il faut donner quand il s'agit de prévenir la discorde dans la famille, c'est d'en détruire résolument les premiers germes naissants ; et cette maxime des sages n'eut jamais mieux son application :

Principiis obsta : serò medicina paratur
Quum mala per longas invaluere moras.

Ce que nous disons des frères regarde les ramifications diverses de la famille. C'est la nature même qui a formé le lien qui, indépendamment de leur volonté, unit les proches, le même sang coulant dans les veines, ainsi qu'une même sève circule dans l'arbre tout entier. Il faut être bon parent comme on est bon père et bon frère. C'est à la condition d'une estime et d'une affection sincère reliant tous les membres de la famille qu'elle acquerra de la vitalité et une influence qui font partie de sa vocation. La Sainte Ecriture a dit une parole qui se vérifie tous les jours : *Vœ soli*, malheur à celui qui est seul ; on peut dire aussi qu'une famille isolée, obligée de chercher en dehors d'elle-même ses appuis, ses relations nécessaires, est placée dans des conditions anormales et factices. Privée de parenté, elle offre le caractère d'un corps mutilé ou affecté d'une infirmité essentielle. C'est un arbuste qui n'a qu'une branche ; c'est un arbre dont le tronc se soutient par des étais.

Les bonnes relations entre parents quelquefois éloignés, demandent à être cultivées, non-seulement par le simple exercice d'une irréprochable politesse, laquelle ne fera jamais défaut à un homme bien élevé, mais encore par les services mutuels que l'on peut se rendre et même par les agréments que procurent des relations affectueuses.

Sans doute il faudra de temps à autre sacrifier son propre agrément à l'agrément d'autrui, son intérêt particulier à l'intérêt général ; il faudra même donner plus qu'on a reçu, et ne point s'enfermer dans les droits d'une stricte réciprocité. J'avoue tout cela. Mais outre le mérite d'une générosité louable, on trouvera tôt ou tard son profit dans cette conduite chrétienne : on a souvent besoin d'un plus petit que soi ; et aujourd'hui la fortune a placé au haut de sa roue mobile celui qu'elle en précipitera demain. Un bon cœur sera heureux d'honorer un parent pauvre quand il le pourra, et d'obéir aux préceptes de la religion qui nous commande de secourir même un étranger dans le besoin.

Entretenir l'union de tous les membres d'une grande famille, c'est surtout le devoir de ceux qui en sont les chefs ; c'est à eux qu'il appartient d'empêcher que le lien de parenté ne se relâche ou ne se brise en quelqu'endroit.

Qu'ils fassent comprendre à tous que l'honneur et les avantages de l'un des membres de la famille rejaillissent sur tous les autres, que l'infortune ou la honte d'un seul intéresse le groupe tout entier. Cette solidarité entre les éléments de la famille donne à chacun et à tous un vif sentiment de l'honneur, une crainte salutaire de ce qui en altèrerait la délicatesse.

La fierté légitime, la susceptibilité du nom et de l'honneur de la race disparaissent, hélas ! tous les jours davantage dans notre société qui s'émiette jusqu'à devenir une poussière. Les grandes familles ont disparu dans les villes ; elles deviennent rares dans les campagnes : et à cause de cela la force sociale et vitale a diminué ; l'individu végète souvent dans son impuissance morale comme le rejeton rabougri d'une vieille souche tranchée dans ses racines.

Je plaindrais de tout mon cœur un orphelin de naissance ; mais je n'aurais pas le même sentiment de sympathie pour celui qui, négligeant sa famille par paresse ou par insouciance, par orgueil ou par avarice, se serait réduit lui-même à l'isolement de cette triste situation.

J'ai dit les conditions de la famille unie, disciplinée, laborieuse et religieuse ; je voudrais dire en finissant les sentiments qu'elle m'inspire.

V

Il est une affection sainte dont les racines profondes et vivaces pénètrent et envahissent les cœurs bien nés, une affection qui par son intensité, ses besoins, ses manifestations prend le caractère d'un culte. C'est l'amour de la famille, quand cette famille, est chrétienne. Placé après le culte de Dieu, le culte de la famille a comme celui-ci ses fêtes, ses joies et ses salutaires influences : il console, rassérène les âmes; il multiplie le bonheur et adoucit les peines inséparables de la vie.

La perte d'un père, d'une mère, du proche le plus chéri, bouleverse le cœur, mais elle ne détruit pas le culte de la famille. Loin de là, on dirait que, sur la terre fraîchement remuée qui recouvre les tombes de ceux que l'on a perdus, s'élancent plus vivaces, plus fortes, plus verdoyantes, les tiges des saintes amitiés que la mort a épargnées.

Qu'il nous soit permis, dans cette réunion de parents et d'amis, d'épancher ici notre cœur et de louer la famille chrétienne, par ce que nous en avons vu, par ce que nous en avons expérimenté, par ce que nous en avons senti nous-même.

Je dois au culte de la famille les plus

douces et les plus chères jouissances de ma vie.

Obligé par des fonctions saintes à vivre loin de la terre natale, de la place de mon berceau, du sanctuaire de mes affections premières, j'ai toujours senti une force attractive presque invincible qui me rappelait vers ces lieux, hantés par des souvenirs impérissables. Là, j'ai réchauffé mon cœur, ranimé mon courage ; et si court que fût le séjour au foyer fraternel, je ne le quittais point sans un attendrissement profond qui, loin d'alanguir mon âme, la laissait plus forte, plus prête à l'accomplissement du devoir dans toute sa sainte austérité. Je vivais avec ma famille longtemps encore après l'avoir quittée, et le charme continuait dans l'absence.

Cependant qu'avais-je vu ? rien que de très-simple assurément. Comment ce souvenir enchante-t-il encore aujourd'hui mon cœur sans que je puisse bien savoir ni pourquoi ni comment ?

VI

A mon arrivée, aucun travail n'était interrompu ; tout marchait du pas ordinaire. Le plus souvent j'étais seul.

J'éprouvais un bonheur infiniment meilleur que toutes les distractions : attentif et recueilli je regardais vivre une famille chrétienne.

Dirai-je la journée telle qu'elle se déroulait sous mon regard, dans sa touchante simplicité ?

Dès les premières blancheurs de l'aube, le bruit d'un pas lourd et lent sur l'escalier silencieux annonçait le père qui, embrassant dans sa prévision le travail de la journée entière, allait donner les ordres et placer chacun à son poste. Au premier chant des oiseaux se mêlaient les bruits vagues de la famille sortant du sommeil ; les petits cris des enfants préludaient à la journée. Je remarquais et j'attendais le moment où ce gazouillement s'arrêtait pour faire place à la récitation de la prière. Les aînés sortaient du nid les premiers, et on avait entendu déjà leurs ébats au dehors quand les plus jeunes paraissaient à leur tour, l'un après l'autre, frais et roses, révélant par leur visage plus pur, leurs cheveux plus lisses, leurs mains plus blanches, les soins maternels dont ils venaient d'être l'objet.

Chacun avait sa tâche ; cette tâche était facile, mais on s'apercevait que la prévoyance des parents avait mis partout la sollicitude et la direction. La sagesse qui gouvernait la journée n'apparaissait que dans son ordre et son exacte discipline.

Quand le repas de famille réunissait les divers âges de la vie, alors les préoccupations qu'ils révèlent, leurs charmes variés donnaient à la grande table ronde un saisissant caractère qu'un peintre aurait aimé à reproduire.

Dans mes promenades solitaires, interrompant les lectures faciles réservées aux vacances, il me plaisait de contempler du penchant d'une colline, à travers les éclaircies d'un chemin ombreux, cette maison blanche autour de laquelle, sous l'ombrage, sur les gazons, dans les champs, aux abords du chantier retentissant, la famille dispersée, mais occupée, allait, venait, sortait, rentrait, comme les abeilles travailleuses s'agitent autour de la ruche dans leur vol incessant.

Dirai-je enfin les charmes du soir après le dernier repas ? A cet instant où l'âme, satisfaite d'avoir accompli le devoir de la journée, sent le besoin de se recueillir, et lorsqu'une douce fatigue, prélude salutaire d'un sommeil réparateur, invite à s'asseoir, comme dit l'Ecriture, chacun sous sa vigne et sous son figuier, il était doux de prendre sa part de la causerie de famille, écho discret des divers incidents du jour. Il y avait, dans les observations auxquelles ils donnaient lieu plus le souvent, des félicitations mutuelles, mais

quelquefois une leçon. L'expérience, même
pour les plus sages, est une école où l'on
peut toujours profiter ; la science qu'elle donne
n'est jamais complète.

Les enfants dont la brise du soir et un
dîner réparateur excitaient la pétulance,
rasaient, dans leurs courses folles, les siéges
où nous étions assis, rompant la conversation
par leurs cris joyeux. Ils l'attiraient, sans le
vouloir, sur leurs qualités, leurs défauts; et
maint avis était ouvert au profit de leur bonne
éducation.

Enfin, un signal était donné et tout bruit
cessait. C'était le moment de la prière de la
famille, de l'action de grâce pour les faveurs
de la journée, des saintes résolutions pour le
lendemain, heure bénie, pendant laquelle la
voix innocente des enfants montait vers le
ciel, comme l'encens du sacrifice du soir,
sicut incensum sacrificii vespertini !

Le lendemain ressemblait à la veille, et
nous trouvions toujours un nouveau charme
à partager cette vie si simple et si unie ; à

regarder le même ruisseau suivre le même cours avec le même murmure.

A chaque retour annuel, je remarquais dans la famille ce que l'on observe en mai ou en juin dans un champ cultivé qu'on n'a pas revu depuis les premiers jours de printemps.

Dans ce champ, tout a grandi pendant l'absence : là de la verdure où le sol était encore nu ; ici, des tiges qui s'élancent au milieu d'une végétation devenue robuste ; des fleurs naissantes, des blés laissés en herbes et qui épient. Dans la famille aussi tout avait grandi. Un travail mystérieux qui ne s'arrête pas, le travail du Bon Dieu, donne à la famille comme à la terre un aspect incessamment renouvelé. Je remarquais le nourrisson, qui s'était détaché du sein de sa mère et essayait ses jambes vacillantes ; l'enfant avait fini par devenir adolescent ; la jeune fille s'élançait comme une souple tige ; la pensée mûrissait, le sentiment s'éveillait ; la folle gaîté tombait, évidemment on entrait dans la vie sérieuse.

MA CHÈRE ENFANT,

Vous en étiez là lorsque je vous quittai l'année dernière, et aujourd'hui je vous retrouve au pied de l'autel, prête à engager votre cœur et votre vie.

Pour être heureuse, rappelez-vous ce que fut, ce qu'est, ce que doit être encore la famille chrétienne. J'ai puisé les principaux traits du tableau dans votre propre famille ; qu'elle soit votre exemple.

MONSIEUR,

Je n'ai point à changer mon langage en m'adressant à vous : votre famille, de tout point, ressemble à la nôtre. Son berceau est ce pays limitrophe de la Bretagne et du Maine, où se sont conservées les vieilles traditions et les vieilles croyances. Votre mère connut toutes les fortes vertus, et votre père fut l'héritier des sentiments chevaleresques de nos aïeux, fidèles jusqu'à la mort à leur Dieu et à leur roi.

Vous rendrez heureuse la modeste et douce jeune fille que vous avez choisie pour compagne. Une mère admirable l'a formée à toutes les vertus. Son père a laissé dans cette commune, dont il fut le maire et l'exemple, un nom béni par ses générosités, honoré par ses services. Comme il serait heureux et fier de conduire aujourd'hui sa fille à l'autel ! Dieu n'a point voulu attendre jusqu'à cette heure pour récompenser en lui le dévouement à sa famille et à son pays. Sa fille, par sa tendresse, vous rappellera son cœur, comme son fils, qui devient votre frère, et qui a versé largement son sang pour la France dans nos dernières guerres, vous dira les sentiments virils dans lesquels ce père éleva ses enfants. Vous recueillerez et vous grossirez encore l'héritage des vertus de famille. Que Dieu accorde ses plus larges bénédictions aux nouvelles tiges qui vont s'épanouir sur nos vieilles souches chrétiennes !